Kreative Gemeinschaftsbildung heute

Für Florian, Sebastian, Caroline und Dominik

In der Reihe GESUNDHEITSPFLEGE *initiativ* sind bisher folgende Bände erschienen:

Band 1: Michaela Glöckler
Lebenskrisen als Zukunftschancen
ISBN 3-932161-00-9

Band 2: Volker Fintelmann
Von der Kunst alt zu werden
ISBN 3-932161-01-7

Band 3: Mathias Wais
Über den roten Faden im Lebenslauf des Menschen
ISBN 3-932161-02-5

Band 4: Michaela Glöckler
Die Biographie des Menschen und ihre geistigen Gesetze
ISBN 3-932161-03-3

Band 5: Henning Köhler
Der Mensch im Spannungsfeld zwischen Selbstgestaltung und Anpassung
ISBN 3-932161-04-1

Band 6: Hans-Werner Schroeder
Die Bedeutung der Angst und des Bösen im Lebenslauf
ISBN 3-932161-05-X

Band 7: Michaela Glöckler
Vom Wirken der Engel im menschlichen Leben
ISBN 3-932161-06-8

Band 8: Gerhard Wehr
Die Mitte des Lebens
ISBN 3-932161-07-6

Band 9: Mathias Wais
Sinn und Unsinn der Ehe heute
ISBN 3-932161-08-X

(Fortsetzung Seite 38)

Heinz Zimmermann

Kreative Gemeinschaftsbildung heute

GESUNDHEITSPFLEGE initiativ

Die Deutsche Bibliothek – CIP-Einheitsaufnahme
Zimmermann, Heinz:
Kreative Gemeinschaftsbildung heute:
Esslingen: GESUNDHEITSPFLEGE initiativ, 1998
ISBN 3-932161-18-1

Schriftenreihe GESUNDHEITSPFLEGE initiativ Band 18

ISBN 3-932161-18-1

Herstellung: Gaiser Offsetdruck & Informations-GmbH, Schwäbisch Gmünd

Kreative Gemeinschaftsbildung heute*

Man kann sich ja fragen, was haben Gesundheitsfragen mit Gemeinschaftsbildung zu tun? und: Was ist überhaupt moderne Gemeinschaftsbildung? Woran erkennt man die Modernität einer Gemeinschaft? Ich möchte gerne zu diesen beiden Vorfragen, einige Ausführungen machen.

Grundsätzlich muß man ja eine sehr einseitige Auffassung von Gesundheit überwinden, nämlich Gesundheit bestehe darin, daß einfach die Maschine Leib funktioniert, ohne Störung. Gesundheit ist immer ein labiles Gleichgewicht. Gesundheit ist immer dann erreicht, wenn man das, was man sich wirklich vorgenommen hat im Leben, durchführen kann. Also menschliche Gesundheit kann niemals heißen: strotzende, pralle Kräfte, Muskelpaket, weil sonst ja das Ende jeder Gesundheit das Alter und dann der Tod ist. Es gäbe dann einen Anstieg und einen unweigerlichen Abstieg. Aber das ist ja nicht das, was man unter

---

* VORTRAG vom 03. Juni 1997 in Basel, gehalten zum zwanzigjährigen Jubiläum des Vereins für ein anthroposophisch erweitertes Heilwesen in der Schweiz.

Gesundheit im menschlichen Sinne versteht, sondern Gesundheit muß man betrachten als ein Gleichgewicht zwischen dem Leiblichen und dem Seelisch-Geistigen, das gehört zusammen. Es gibt sogar Menschen, die sich dauernd krank fühlen, obwohl ihnen nichts fehlt. Und umgekehrt können Menschen, die medizinisch außerordentlich fragil sind, jahrelang Höchstleistungen vollbringen. Daran sieht man schon, wie eingeschränkt ein nur auf das Leibliche bezogener Gesundheitsbegriff ist.

Und damit sind wir mitten in der Frage nach der Gemeinschaftsbildung. Wir wollen uns einfach einmal ein paar Situationen vorstellen, um die Gesundheitsfrage im Gemeinschaftsbereich zu würdigen. Beispiel: Es gibt ein Wort, das es erst seit ungefähr zehn Jahren gibt, und dieses Wort heißt *„Mobbing"* – *Mobbing* – das bedeutet die Technik, einem Mitarbeiter seine Stelle zu vermiesen, durch andere Mitarbeiter, durch schleichende Grabenkämpfe, durch Nichtanerkennung usw. Heutige Firmen sprechen von ganz großen Produktionsverlusten durch *Mobbing*. Krankmachende soziale Verhältnisse am Arbeitsplatz. Wenn man sich vorstellt, man kommt an seinen

Arbeitsort und weiß ganz genau, dieser Sauertopf, der jetzt da sitzt, der will mir auf alle Fälle böse, dann spürt man doch schon, wie sich alles zusammenzieht, man spürt schon, das sind die Gesundheitskräfte, die da attackiert werden. Und wenn das jahrelang so geht, kann man sich vorstellen, was das für eine Konstitution gibt. Oder wir denken an eine Ehekrise. Ich möchte allerdings betonen, dass es nicht darum geht, Krisen zu vermeiden, sondern durchzustehen und etwas daraus zu machen. Aber grundsätzlich kann man doch sagen: eine Ehekrise ist sicher nicht etwas, was einem in den Vitalitätskräften förderlich ist, so daß man immer strotzender und unternehmungslustiger wird, sondern es baut ab. Oder Streitigkeiten mit dem Nachbarn über irgendeinen Laubbaum, der an der falschen Stelle die Blätter fallen läßt usw., wo dann jahrelange Nervenkriege entstehen können, und es so weit gehen kann, daß eine Familie eine andere Wohnung sucht, einfach aus Gesundheitsgründen, weil man es nicht mehr aushält. Jetzt habe ich einige Negativbeispiele genommen. Nehmen wir das Umgekehrte, was es ausmacht, wenn man eine bestimmte Leistung erbringen könnte oder kann, und jetzt ist da eine Umgebung, ein menschliches Umfeld, das damit rechnet: „Ja, das wirst du können, das traue ich dir zu, ganz klar." Wie man da motiviert wird, etwas zu leisten und dadurch Auftrieb bekommt. Oder das Umgekehrte: „Das wirst du sowieso nicht können. Laß die Finger davon, es gelingt nicht. Kannst ja mal probieren." Da spürt man Lähmung oder Auftriebskraft, direkte Stimulierung an Arbeitsleistung und damit auch an Wohlbefinden durch eine Anerkennung oder dann durch Mißtrauen das Gegenteil.

Jetzt ein ganz anderes Feld, unter der Fragestellung nach dem Zusammenhang von Gemeinschaftsfragen und Gesundheitsfragen. Man vergegenwärtige sich einmal, wie jede menschliche Begegnung, die man hat, unmittelbar den eigenen Atem beeinflußt. Sie müssen darauf achten wie anders man atmet, wenn, sagen wir mal, ein Diktatortyp, ein Feldwebeltyp auftritt, als wenn eine sanfte Person auf einen zukommt. Jede Begegnung wirkt auf die Atemfrequenz, ob man stark einatmet, oder ob man harmonisch ein- und ausatmet, oder ob man mehr ausatmet. Wenn jemand etwas ganz spannend bringt, ist man ganz ausser sich, und das ist ja auch wieder unmittelbar mit den Gesundheitskräften verbunden. Denn atmen heißt immer auch die Regulierung der leiblichen Funktionen.

So hat man auch hier einen ganzen Bereich, wo menschliche Begegnungen auf die Gesundheitskräfte, in diesem Fall den Atem und damit indirekt auch die Zirkulation, Einfluß haben. Und ganz besonders kann man das im Gespräch bemerken. Ich will Sie nicht traktieren, sondern nur einmal ein ganz kleines Experiment machen, das ich Ihnen zumute, wo Sie spüren, wie jedes Wort, das jemand spricht, nicht dadurch was er sagt, sondern wie er spricht, den Atem des Zuhörers direkt beeinflußt. Also wenn ich zum Beispiel so - sprechen - würde - und - Ihnen - darstellen - würde, daß - das - eine - Kreideschachtel - ist, dann - würden - Sie - merken, - wenn - Sie - mir - lange - zuhören, das - ist - nicht einfach. Wenn ich so kurzatmig spreche, atmen Sie aus und sind froh, daß es endlich vorbei ist. Jede Rede hat einen Einfluß auf den Atem des Zuhörers. Jeder Laut wird durch den Kehlkopf nachgeahmt, und wenn zum Beispiel einer einen Sprachfehler hat, dann merkt man, daß man selber diesen Sprachfehler langsam bekommt, wenn man lange genug zuhört, einfach aus Nachahmung. Das ist ein Element, wir kommen dann später nochmals darauf zurück, bei dem man merkt, daß unmittelbar durch die Sprache auf die Gesundheitskräfte des anderen positiv oder negativ eingewirkt wird. Vorher habe ich asthmatisch gesprochen, man kann zum Beispiel auch so sprechen, daß man das Gefühl hat, jetzt schläft man bald ein, wenn der andere immer im gleichen Ton spricht und alles in der gleichen Tonstärke sagt ohne große Artikulation. Oder wenn jemand so einen Feldwebelton hat, dann muß man sich immer ein bißchen wehren. Man sieht, das sind ganz feine Elemente im Atemwesen, wenn die jetzt zum Beispiel jahrelang auf einen Menschen so oder so Einfluß nehmen, dann hat das tatsächlich auch Auswirkungen bis in die Gesundheit hinein, positive oder negative.

Ich will noch ein weiteres Gebiet nennen, wo man soziale Fragen und Gesundheitsfragen verbindet. Die Gesundheit von uns selber ist ja verbunden mit der Gesundheit unserer Natur, der Luft, des Wassers, der Pflanzen, die wir essen, usw. Und das wiederum hängt davon ab, wie sich der Mensch verhält. Durch unser soziales Verhalten beeinflussen wir die Qualität der Natur.

Das kennen wir ja alle: Luftverschmutzung, Ozonloch, Umweltprobleme. Aber es hat einen wichtigen psychologischen Aspekt, auf den Ernst-Ulrich von Weizsäcker hinweist. Er sagt, laut den Prognosen, wenn alles so weitergeht, kann man ausrechnen, was dann irreparabel kaputt ist. Man kann eine Rechnung aufstellen, die besagt, wieviel man durch gesteigerte Effizienz einsparen kann, indem man eben weniger Benzin verbraucht, indem man weniger Heizöl verbraucht usw. Aber das genügt nicht, sondern man darf erheblich weniger verbrauchen als jetzt verbraucht wird, wenn die Natur überhaupt noch regenerieren soll. Und dann spricht er von der *Suffizienz,* nicht von der Effizienz, sondern von der Suffizienz. Diese bezieht sich auf die Frage: Wodurch wird der Mensch bereit, auf etwas zu verzichten? Wie hoch muß der Benzinpreis werden, damit man auf das Autofahren verzichtet? Das wäre eine äußere Zwangsmaßnahme. Aber ganz allgemein kann man fragen: Was ist denn die Motivation eines Menschen, auf etwas zu verzichten, was er eigentlich machen könnte? Das ist eine sozial eminent wirksame Frage. Auf etwas zu verzichten, ist sogar das Menschlichste am Menschen, das Tier kann nicht verzichten. Der Hund kann nicht sagen, ich will jetzt diesen Knochen nicht, ich spare ihn mir auf, oder ich gebe ihn einem anderen. Der Mensch aber kann sagen: Nein, heute nicht. Er kann rauchen wie ein Schlot, er kann sich aber auch das Rauchen abgewöhnen. Das heißt der Mensch ist dadurch gekennzeichnet, daß er auch nein sagen kann. Nun leben wir heute in einer Gesellschaft, die nicht besonders dazu anhält, nein zu sagen. Im Gegenteil: Lieber statt einer Tafel Schokolade, zwanzig im Multipack. Wir leben in einer Konsumgesellschaft. Und gerade deswegen brauchen wir diese Entscheidungsfähigkeit, und, wenn wir die nicht entwickeln, können wir nicht selber bestimmen, was wir wollen. Dann sagt uns die Welt, was wir wollen sollen, das heißt wir sind dann Konsumobjekt. Und daran sehen wir, wie sozial wirksam das ist, gleichzeitig aber auch gesundheitlich und für die ganze Umwelt wirksam.

Wir kommen zu ersten Übungsansätzen, wenn wir jetzt noch die zweite Frage etwas genauer betrachtet haben, nämlich die Frage nach dem, was denn eigentlich unsere moderne Gesellschaft auszeichnet. Da kann man wiederum das ganze vom negativen Standpunkt her betrachten, indem man aufzählt, was alles gegenüber früher verschwunden ist Es gibt natürlich ganz bestimmte Menschen, die immer sagen: ‚Früher war es besser als heute!', grundsätzlich. Man kann aber ganz sicher sagen, daß alles das, was früher die Leute zusammengehalten hat, sei es in der Ehe, sei es in der Familie, sei das in irgendeiner Gruppe, daß alle äusseren Haltekräfte im Laufe dieses Jahrhunderts verschwunden sind. Was sind das für Haltekräfte? z. B. gesellschaftliche Konventionen. Vor circa 30 Jahren war es ganz ausgeschlossen, daß eine Dame und ein Herr zusammen wohnten, ohne verheiratet zu sein. Etwas, wofür die Leute heute nur noch ein müdes Lächeln übrig haben, wenn sie es hören. Es war sogar nicht einmal möglich, in einem guten Hotel abzusteigen, wenn man nicht verheiratet war. Das ist nur ein winziges Beispiel. Und ich möchte das nicht etwa positiv oder negativ werten, sondern damit einfach feststellen: Das war ein Halt, ein konventioneller, gesellschaftlicher Halt, die Ehe, das war eine Einrichtung, die gewürdigt wurde, und wenn man nicht verheiratet ist, dann sind bestimmte Dinge gesellschaftlich eben nicht möglich. Man steht dann außerhalb der gemeinschaftlichen Konvention.

Nun, wie sieht das heute aus? Es wird sehr häufig gar nicht geheiratet, und wenn geheiratet wird, dann sind die Prognosen, daß man zusammen bleibt derartig schlecht, daß man nur noch staunen kann. Ich lese aus dem Buch *Emotionale Intelligenz* von Daniel Goleman über eine Statistik in den USA: „Von den amerikanischen Ehen, die 1890 geschlossen wurden, endeten rund zehn Prozent mit der Scheidung, also 1890 – zehn Prozent. Dieser Anteil betrug für die 1920 geschlossenen Ehen rund achtzehn Prozent. Geht ja auch noch. Für die 1950 geschlossenen Ehen dreißig Prozent, jetzt kommt ein Anstieg, 1970 betrug die Chance, daß Neuvermählte sich trennen oder zusammen bleiben fünfzig zu fünfzig, und 1990 wurde die Wahrscheinlichkeit, daß die Ehe von Frischvermählten mit einer Scheidung enden würde, auf schwindelerregende siebenundsechzig Prozent geschätzt. Wenn sich das bewahrheitet, können diejenigen, die in den letzten Jahren geheiratet haben, nur in drei von zehn Fällen damit rechnen, daß sie mit ihrem Partner zusammen bleiben werden." Das ist nüchterne Statistik. Und man muß hinzufügen, dies gilt nur für die, die überhaupt verheiratet sind, es gibt ja noch ganz viele, die überhaupt nicht verheiratet sind. Das ist ein Beispiel, wie ein konventioneller Halt nicht mehr von Natur aus gegeben ist. Was ich in bezug auf die Ehe genannt habe, das könnte man genauso an anderen Beispielen zeigen, wenn man z. B. an die Kirche denkt, die nicht mehr hält, gemeinschaftsbildend, die Dorfgemeinschaften, alle früheren Gemeinschaften, die mehr oder weniger das Individuum erzogen haben, tragen nicht mehr. Man kann das positiv sehen und so sagen: Dadurch hält nur noch das, was ich wirklich will. Das heißt, jetzt ist wieder die Motivation angesagt. Was setze ich selber ein, wie gestalte ich eine Beziehung? Wenn ich sie nicht gestalte, dann wird sie gestaltet durch die prognostizierbaren Abläufe, die immer in einer Krise enden. Es gibt keine Beziehung, die nicht irgendwann in eine Krise kommt. Das gehört dazu und das ist ja auch das Spannende. Eine Gemeinschaft, sei das eine Freundschaft, sei das eine Ehe oder sonst eine Gruppe, die sich harmonisch jahrzehntelang entfaltet, ist eine völlige Utopie, eine Fata Morgana.

Die Frage ist daher, wie ich mit den Krisen umgehe. Wie erkenne ich sie überhaupt, wie ist die Diagnose und wie stelle ich mich dieser Krise.

Da bin ich als ein Übender oder als ein bewußter Impulssetzer gefordert, der nicht aus irgendeiner moralischen Einstellung heraus etwas unternehmen will, sondern einfach aus dem heraus, daß man es nicht aushalten würde, wenn man diese Verhältnisse nicht gestaltet. Und wenn man heute nur das, was alles in der unmittelbaren eigenen Umgebung vorfällt, zusammennimmt, dann kann man ja von einem totalen Verfall der sozialen Formen sprechen. Es wird zur Existenzfrage, nicht zu einer moralischen Pflicht, sondern zu einer puren Selbsterhaltungsaufgabe. Die bestimmenden Formen sind verschwunden und entweder kommen gestaltende Elemente aus dem individuellen Gestaltungswillen, oder sonst komme ich in eine prognostizierbare Entwicklung entweder des ‚Gruppenzwanges', wo die Gruppe über das Individuum bestimmt, oder in das Ausleben des Egoismus, der letztlich zum Konkurrenzkampf jedes gegen jeden führt. Wir kennen ja beide Formen. Es ist eine menschheitliche Entwicklung: früher, wenn man an die ägyptischen Pharaonen denkt – Geist ohne individuelle Freiheit, und heute, das Umgekehrte: Freiheit ohne Geist, ohne Ideale, ohne Liebe.

Nun sieht man, wenn man betrachtet, wie das Kleinkind auf die Erde kommt, daß es existentiell auf die Gemeinschaft angewiesen ist, schon dadurch daß zwei Menschen sich verbinden müssen, daß das Kind überhaupt auf die Erde kommt. Das Kleinkind ist hundert Prozent auf eine tragende Gemeinschaft angewiesen, sonst stirbt es. Man sieht also totale Abhängigkeit. Wenn Sie außerdem ein Kind von drei, vier Jahren betrachten, wenn es etwas Neues erfährt, dann kann es sein, daß der Kiefer herunterfällt und es gar nicht merkt, daß der Speichel herunter läuft, so völlig offen, hingegeben an die Welt ist es, ein Bild des totalen Hingebens, totalen Ausgegossenseins an die Umgebung. Und jetzt schauen wir, wie es zwanzig Jahre später ist: Der Mensch ist gerüstet, behelmt, gepanzert, bewaffnet, um sich zu wehren, um sich zu behaupten, um den Konkurrenten niederzustechen, oder im Gespräch die besseren Argumente zu haben. Das heißt, die Selbstbehauptung als das Gegenbild: Hingabe – Sonderung, beide sind wichtig. Und selbstverständlich auch als Erwachsene sind wir ja angewiesen auf die Gemeinschaft. Wir können ja auch als Erwachsene niemals nur allein sein. Von daher gesehen ist der Robinson-Crusoe-Roman als Ideal, alles selber zu machen, eigentlich ein völliges Konstrukt, das am Wesentlichen vorbeigeht, denn jede menschliche Entwicklung geschieht immer im Kontakt mit anderen.

Was für Möglichkeiten der Begegnungen gibt es denn, und wie können wir sie gestalten? Da sehen wir eine ganz primitive erste Stufe: Wenn man in einen Zug kommt und alle Plätze besetzt sind, dann erlebt man eine ganz bestimmte Form von Begegnung, nämlich es sitzt schon jemand da. Also schlicht und einfach, die physische Anwesenheit besetzt einen Platz. Nun gibt es ja dann auch noch den Unterschied zwischen italienischen Zügen und schweizerischen oder deutschen: Wenn mehrere Abteile noch ganz leer sind, dann sitzt immer eine Person in einem Abteil. Ein weiteres Beispiel: Die Plätze in Theater sind schon alle ausverkauft. Eine ganz primitive Begegnung: Es ist schon ein anderer da.
Eine zweite Begegnungsmöglichkeit: In einer Familie wird eine Torte verteilt, es sind im ganzen sechs Stücke und vier Personen. Jeder bekommt mal ein Stück, und was passiert dann? Jetzt könnte man natürlich teilen, oder es könnte so sein, daß da einer seine Torte so schnell ißt, daß

er dann als erster zu dem zweiten Stück kommt. Auch das ist ja eine recht primitive Begegnung, nämlich man schaut auf das gleiche und nur einer kann es bekommen. Und nun besteht die Möglichkeit der äußeren Organisation oder des individuellen Verzichtes: „Ich gebe es jetzt dir". Wir sind hier in einer Sphäre, wo Seelisches eine größere Rolle spielt. Gestaltungsmöglichkeiten gibt es natürlich auch schon im ersten Feld.

Nun kommen wir zu etwas Tieferem: jede Begegnung, wir haben das vorher am Beispiel der Stimme gehört, macht immer einen Eindruck auf uns. Und dieser Eindruck findet in einem halbbewußten Element statt. Wenn einen etwas stört, dann wird es einem natürlich schon bewußt: die blöde Frisur, oder die zerrissenen Jeans oder die wunderbare Jacke. Man hat schon Elemente, die man sich bewußt macht, aber mindestens so wirksam sind die Elemente, die halbbewußt wahrgenommen werden und unsere Sympathie und Antipathie einfach loslösen. So ist zum Beispiel in vielen Fällen beobachtbar, daß Menschen mit einem ganz bestimmten Tonfall einfach durch ihren Tonfall so auf andere wirken, daß die schon gleich wissen, sie werden widersprechen, was auch immer der Betreffende sagt. Das ist eine halbbewußte Sphäre, wo Sympathien und Antipathien angeregt werden, und ich nicht auf den Inhalt reagiere, sondern auf den Tonfall. Und damit wird auch schon deutlich, wie man den ersten Schritt in der Gestaltung einer Begegnung dadurch vorbereiten kann, daß man sich dieser Tatsache bewußt ist, und dann, wenn einem diese Stimme auf die Nerven geht, ganz besonders vorsichtig ist und auf den Inhalt schaut. Daß man sich also nicht von dem spontanen Gefühl hinreißen läßt, sondern daß man sich sagt: Vorsicht! Das heißt nicht, abschalten des Gefühls, sondern das heißt, daß nicht das Gefühl einem bestimmt, sondern daß man selber das Gefühl bestimmt. Es ist eine Umkehrung, nicht nur reaktives Verhalten, sondern aktives Verhalten. Das bedeutet eben, sich überhaupt einmal zu verdeutlichen, wieviel Urteile, Gefühle, Sinneseindrücke mich in meinem Verhalten normalerweise bestimmen.

Man kann sich auch am Abend vornehmen, eine bestimmte Begegnung, die man hatte, ganz bildhaft vorzustellen. Da merkt man, wieviel man am Tag verschläft. Wenn man jemanden gesehen hat und sich ganz genau vorstellt, wie tönte die Stimme, wie war die Augenfarbe, der Haaransatz, was für eine Farbe hatte der Pullover, war es überhaupt ein Pullover usw., dann merkt man, die Aktivität, die man da aufwenden muß, die macht einen wach, um das nächste Mal besser zu beobachten.

Eine weitere Möglichkeit ist, darauf zu achten, daß man nicht nur das hört, was jemand sagt, sondern daß man durch die Worte lernt durchzuhören, was eigentlich gemeint ist. Jemand, der bei der Tante oder bei der Mutter oder beim Ehepartner etwas aufgetischt bekommt, fragt z. B.: „Was ist das für eine Soße?“ Dann sagt vielleicht der andere, der angesprochen ist: „Wenn's dir nicht paßt, kannst du auch woanders essen.“ – „Ich wollte ja nur wissen, was das für eine Soße ist. Darf man nicht mehr fragen?“ Aber das war ja nicht einfach eine neutrale Frage, sondern da war auch sehr viel Pulver drin. Und so gibt es ganz viele Worte, Wendungen, Nuancen, die viel mehr enthalten als den puren Inhalt. Zum Beispiel kann ein „So, so“ oder „Aha“ oder „Stimmt das?“ oder „*Was* hast du gesagt?“, „Was hast *du* gesagt?“, je nach Tonfall sehr viele unterschiedliche Botschaften vermitteln. Es gibt ein ganz schönes Beispiel aus der Psychologie: Mann und Frau fahren im Auto, die Frau am Steuer. Dann sagt der Mann: „Es ist grün." Er meint ja, daß die Ampel jetzt grün ist. Dann sagt die Frau: „Wer fährt hier denn eigentlich, du oder ich?" Jetzt könnte man natürlich von der Logik her fragen, was haben die beiden Aussagen miteinander zu tun? „Es ist grün" ist eine Mitteilung, „Wer fährt hier eigentlich, du oder ich?" Eine Frage, die scheinbar nicht auf das Vorherige Bezug nimmt. In einer inneren Logik sehr wohl verständlich, denn die Botschaft heißt ja nicht: „Es ist grün", sondern in dieser Mitteilung verbirgt sich zum Beispiel: „Du kannst nicht Auto fahren! Und: „Eigentlich sollte ich da sitzen, nicht du!" Das heißt, Kritik, Unbefriedigtsein, Appelle sind versteckt in einer scheinbar neutralen Aussage. Und jetzt reagiert die Frau natürlich instinktiv auf die versteckten Botschaften. Und damit er am Schluß recht hat, sagt der Mann auch wieder: „Ja, ich wollte dir nur sagen, es ist grün!"

Jetzt erkennen Sie, so kommen doch die hundert und tausend Kleinkriege zustande, das sind doch die Gespensterkämpfe, dadurch daß man in diese Diskussionsebene kommt, wo immer einer etwas sagt und der andere dann etwas anderes daraus macht, wo eigentlich gar nicht der Verständigungswille da ist, sondern eben die Rechthaberei oder Profiliersucht. Und jetzt geht es darum, durchzuhören, was eigentlich gemeint ist, dann auch darauf zu reagieren. Man kann am Tonfall erspüren, wie die Befindlichkeit eines anderen Menschen ist, wenn er mit der Stimme zittert. Menschen, die sich gut kennen, hören im Tonfall, wenn etwas nicht stimmt, wenn ein Unbehagen da ist oder wenn vielleicht eine starke Erregung da ist. Es drückt sich ja außerordentlich viel aus, und ganz besonders lernt man dann auch, daß es bestimmte Wörter gibt, die einen anderen aufregen, nur schon wenn das Wort kommt, Reizworte mit Widerhaken. Die Besonnenheit ist weg, wenn bestimmte Reizwörter fallen. Jede Gemeinschaft hat andere Reizworte. Manchmal hört man auch einen Partner sagen: „Ich wollte ja nur eine Frage stellen!“ Aber in Wirklichkeit war es ein massiver Vorwurf. Oder „Ich bin ganz einverstanden“, aber jeder weiß: sie ist überhaupt nicht einverstanden. „Doch, doch, ich bin ganz einverstanden, aber ....“ Man kann sich auch wieder selber prüfen, wie ist das mit dem Verhältnis von dem, was man sagt zu dem, was man denkt. Oder umgekehrt, wie kann ich durch das hindurch hören, was der andere sagt und was er eigentlich sagen will.

Menschen, die im Zuhören geschult sind, können zu intensiven Begegnungen kommen, wo man ein Tiefstes am anderen wahrnehmen kann für Augenblicke, weil sich ja in der Stimme, in der Mimik, in der Gestik etwas ganz Individuelles ausdrückt. Man kann sogar einem anderen so zuhören, daß der etwas sagt, was er niemals hätte sagen können, wenn man nicht so zugehört hätte. Das Zuhören bringt den anderen zum Reden. Und wenn man diese Seite verfolgt, dann kann man wiederum bei einer ganz oberflächlichen Selbstbeobachtung sehen, wie man doch eigentlich normalerweise im Gespräch, überhaupt im Verkehr mit anderen sehr assoziativ reagiert. Es kommt irgendein Wort, und da bekommt man Einfälle und produziert dann irgendeine Antwort oder eine Gegenrede. Das heißt man hört nicht wirklich zu, sondern man produziert eigene Einfälle. So kann es passieren, wenn man von einer Ferienreise nach Hause kommt und irgend einem Bekannten von Florenz erzählen will – „Ja, da war doch dieses Restaurant!“ sagt dann der andere, der nicht in Florenz war. „Wart Ihr auch in diesem Restaurant? Ach, da haben wir gut gegessen!" – Nun ist der andere am Reden, weil er den Einfall hat, weil er egozentrisch spricht und nicht „partnerbezogen" zuhört. Durch ein Gespräch, das so geführt ist, wie ich es als ideal geschildert habe, kann man tiefste Begegnungen mit einem Partner haben, und ist nachher erfrischter als vorher.

Das Mittel der Natur ist, wie beim Kleinkind zu beobachten, die Hingabefähigkeit von Natur aus ohne Bewußtsein von einem selber. Das gleiche auf der Stufe des erwachsenen Menschen ist bewußte Hingabe an das, was der andere spricht, was der andere will, was der andere tut, um dadurch eine Begegnung zu ermöglichen, die sonst nicht zustande käme. Das heißt jetzt eine Beziehung aus der bewußten Entscheidung heraus zu gestalten. Was geschieht, wenn ich das nicht tue? Wir sehen, daß es in jeder Beziehung gewisse Mechanismen gibt, die man in der Psychologie vielfach beschrieben hat, Mechanismen nämlich, daß immer die erste Begegnung, wenn sie sympathisch ist, zu einer Erfüllung führt. Allmählich gewöhnt man sich an den anderen, man gewöhnt sich nicht nur, sondern man sieht auch die Haare in der Suppe, man entdeckt das und jenes, man weiß jetzt, wie der andere reagiert, man gewöhnt sich an die Reaktionen und kommt so in eine Erwartungshaltung, daß man schon, bevor der andere etwas sagt, weiß, was er sagt. Es kommen die voraussehbaren Abläufe.

Das ist aber nicht nur in einer Einzelbeziehung so, sondern das ist auch in einer Gruppe so. Man hat auch in einer Gruppe bestimmte Mechanismen, daß man schon so auf die anderen eingestellt ist, daß man mit der festen Erwartung „Ich kenne dich ja sowieso schon" dem anderen begegnet. Das bedeutet, daß die Beziehung in die Routine gekommen ist, und von der Routine geht sie dann in die Krise, wenn nicht an irgendeiner Stelle etwas Neues entdeckt wird, wenn man nicht einer an irgendeiner Stelle aktiv wird. Wir kennen ja alle diese fürchterlichen Beziehungen, wo man fast nicht glauben kann, wie sich Menschen einfach zuleide leben können, wo aus einer ehemaligen wunderbaren Begegnung nur Haß übrig bleibt, weil nichts mehr da ist, was wirklich menschlich ist. Dann kommt es in die reproduzierbaren Abläufe von Reiz und Reaktion, wenn nicht irgend etwas entgegengesetzt wird. Und das kennen wir ganz besonders in der Rollenzuteilung. Jeder weiß, wie es einem selber geht, wenn man weiß, wie einen der andere einschätzt, wie man sozusagen in eine Rolle gepreßt wird: „Du bist so, ich halte dich für das, was auch immer du tust, ich halte diesen Raster über das, was du tust." Man kann in größeren Gemeinschaftszusammenhängen, in einer Betriebsversammlung, in einem Lehrerkollegium, einer Ärztegruppe, wenn man sich gut kennt, finden, daß es ganz bestimmte Typen gibt, zum Beispiel gibt es solche, die die Welt optimistisch anschauen, andere haben eine pessimistische Weltsicht und entwerfen dauernd Horrorvisionen. Bei Beschlüssen prallt auch dauernd der Fundamentalist auf den Pragmatiker. Während der eine alles vom Grundsatz her aufrollen will, weist der Pragmatiker auf das real jetzt zu leistende hin. Der eine schaukelt den anderen hoch. Wenn der eine visionär in die Zukunft blickt und eine Fata Morgana entwirft, holt ihn der Realist mit der Frage nach den Finanzen wieder auf den Boden. Man könnte noch manche derartige Rollen aufzählen, sie sind schon vielfach beschrieben worden. Es geht mir jetzt nur darum, zu zeigen, daß man notgedrungen, je besser man Menschen kennt, um so mehr das Gefühl hat, ich kenne den anderen durch und durch, und ich weiß schon, was jetzt kommt. Und das ist tödlich. Warum? Weil man dadurch den Menschen auf eine Rolle fixiert und nicht mehr damit rechnet, daß er sich ändern kann. Weil man nicht damit rechnet, daß derjenige, der die Rolle des Vielredners hat, diesmal vielleicht etwas Entscheidendes sagt, hört man ihm gar nicht erst zu.

Wenn man sich aber ganz bewußt vornimmt, durch die Rolle hindurch, den anderen Menschen in seiner tieferen Existenz ernst zu nehmen, nämlich als einen Menschen, der auch entwicklungsfähig ist, der sich verändern kann, der nicht so bleiben muß, wie er jetzt ist, dann durchbricht man den Mechanismus. Das ist ja gerade das Kennzeichen des Menschen, daß er sich verändern kann, daß er etwas aus sich machen kann. Wenn wir damit nicht rechnen, können wir niemals eine Beziehung wirklich aktiv gestalten. Wir sehen aber auch, aufgrund dessen, was ich aufgeführt habe, ganz deutlich, daß die Sozialkompetenz unmittelbar mit der Selbstkompetenz zusammenhängt. Nur dann, wenn ich etwas mit mir selber anfangen kann, wenn ich mich selber motivieren kann, nur dann kann ich sozial Gesundes gestalten. Und umgekehrt, nur aus einem gesunden Gemeinschaftsleben heraus kann ich die Motivation zur Ausbildung der eigenen Kompetenz finden.

Der amerikanische Intelligenzforscher Howard Gardner hat empirisch festgestellt, daß man nicht nur die übliche, logisch-mathematische Intelligenz hat, sondern mindestens sechs. Eine davon nennt er *personale Intelligenz,* und die gliedert er in zwei, nämlich die *Selbstkompetenz,* ob man mit sich selber etwas anfangen kann, und die *soziale Intelligenz:* Wie gehe ich mit anderen um? Es gibt Menschen, die nehmen einfach bestimmte Konstellationen wahr und sagen das rechte Wort zur rechten Zeit. Andere sagen zwar auch das rechte Wort, aber zur falschen Zeit. Dann wirkt es kontraproduktiv. Man sieht, Sozialgestaltung hängt mit der Zeitgestaltung zusammen, mit der Entwicklung. Die größten Verluste im Wirtschaftsleben entstehen heute durch Reibungen, durch mangelnde Gesprächsfähigkeit und Sozialkompetenz.

In der Begegnung von Mensch zu Mensch, in der Begegnung in Gruppen haben wir immer eine erste Phase, wo ganz bestimmte naturgegebene und aus der Vergangenheit bestimmte Sympathien und Antipathien wirksam sind. Wenn man einmal davon ausgeht, daß es eine Sympathiebeziehung ist, dann kann man sagen, am Anfang steht die geschenkte Begeisterung. Man erinnert sich doch z. B. an den Zustand des Verliebtseins. Was konnte man in diesem Zustand nicht alles bewegen was man sonst nie leisten könnte. Aber es kommt der Tag, wo das einfach aufhört, und dann die Frage: Was geschieht jetzt? Das ist aber nicht nur bei der Menschenbegegnung so, das ist auch in Bezug auf die Eigenkompetenz so. Man hat einen Impuls gefaßt und ist begeistert, jawohl, das will ich tun. Und dann merkt man, nach einiger Zeit: Die Begeisterung läßt nach. Man kann es auch biographisch erleben: In der Jugend ist man in der Regel leicht zu begeistern. Dann kommt man in eine bürgerliche Phase, wo man versichert sein will, ein Haus haben usw. Man geht nicht mehr mit Transparenten auf die Straße, die Begeisterung muß neu geschaffen werden aus einer Quelle heraus, die nicht mehr gegeben ist, sondern die man selber weckt. So kann man sagen, die modernen Gemeinschaftsbildung hat nur dann eine wirkliche Zukunft und führt nicht in die totale Selbstzerstörung, wenn der Wille der Gestaltung aus dem Eigenen ergriffen wird, also wenn man ganz bewußt das, was einem am Anfang geschenkt ist, jetzt wie einen ungedeckten Wechsel einlöst, indem man das, was man geschenkt bekommen hat, selber bewirkt: gewollte Begeisterung, die man selber erzeugt.

Jeder große Künstler oder Erfinder ist dadurch groß, daß er immer wieder das, was er hatte, neu erobert. Kein Künstler sagt: „Das war jetzt vollkommen, jetzt kann ich aufhören." Sondern er muß immer wieder neu beginnen. Gleichzeitig ist es Erlebnis der eigenen Souveränität, daß man etwas Neues machen kann. Das Gefühl, daß ich mir etwas Neues angewöhnt habe, das Gefühl, daß ich etwas in einer Beziehung habe verändern können, das Gefühl, daß ich etwas Neues an einem Menschen entdeckt habe, ist gleichzeitig auch das Gefühl der größten eigenen Bestätigung und deswegen nicht der asketische Verzicht: „Ich muß sozial sein", sondern im Grunde genommen die Bestätigung in dem eigenen Menschsein. Dieses Erlebnis ist durch nichts zu ersetzen.

Ein Übungsweg, der Sozialkompetenz und Selbstkompetenz zugleich ausbildet, ist ein Kanon von fünf Übungen, die Rudolf Steiner immer wieder angibt als eine gesunde Grundlage für die eigene Lebensentwicklung. Und ich möchte im Hinblick auf unser Thema kurz darauf hinweisen. Die erste Übung ist die Überwindung des assoziativen Denkens, also eben dieses, man schnappt irgendein Wort auf und dann kommt einem in den Sinn, was man selber erlebt hat. Es ist die *Gedankenkonzentration.*

Man konzentriere sich lediglich fünf Minuten auf einen Gegenstand, der leicht überschaubar ist, z.B. ein Messer, eine Stecknadel oder einen Löffel, ohne dass man sich im Geringsten ablenken läßt. Man fasse also nur Gedanken, die sich auf den vorgenommenen Gegenstand beziehen und wiederhole das täglich, wobei man den gleichen Gegenstand mehrere Tage nehmen kann, oder aber auch einen anderen. Nimmt man den gleichen mehrmals, so bemerkt man, dass man mehr Aktivität zur Konzentration aufbringen muss, weil sich leicht Routine einstellen will. Aber gerade das verstärkt die Grundfähigkeit, die man durch diese Übung sich erarbeiten will. Jeder, der diese Übung beginnt, merkt, wie das scheinbar Leichte

gar nicht so leicht ist. Wie schnell läßt man sich ablenken durch irgend einen Einfall.
Die zweite Übung bezieht sich auf die *Stärkung des Willens.* Wiederum geht es nicht um etwas spektakulär Großes, sondern um etwas äußerlich Unscheinbares. Man sagt sich z. B.: „Ich werde am nächsten Tag um die und die Uhrzeit meine Füllfeder von der linken nach der rechten Seite des Schreibtisches verschieben" oder: „Um die und die Zeit drehe ich meinen Ehering nach rechts". Man nimmt sich also etwas vor, was ohne diesen Vorsatz niemals durchgeführt werden würde. Gelingt einem diese Übung einigermaßen, dann fügt man noch einen zweiten Handlungsvorsatz hinzu usw. Man bewirkt durch diese zweite Übung, dass man sich daran gewöhnt, etwas, was man sich vornimmt, auch wirklich durchzuführen. Normalerweise nimmt man sich vielmehr vor, als man dann wirklich durchführt. Ja, öfters begnügt man sich damit, zu sehen, was man eigentlich tun müßte, was wichtig wäre, was einem gut täte, ohne daß irgend eine Handlung erfolgt. Man gewöhnt sich also, durch diese Übung seine Vorstellungen mit seinem Willen zusammenzuschließen und steigert dadurch auch die Initiativfreudigkeit. Auch das

hat natürlich positive Konsequenzen für die Sozial- und Selbstkompetenz.

Die dritte Übung besteht in der *Ausbildung eines Gleichmutes.* Das heißt, daß man seine Gefühle so in den Griff bekommt, daß man sie immer mehr beherrschen kann und nicht von ihnen beherrscht wird. Daniel Goleman erzählt in dem schon erwähnten Buch eine japanische Anekdote.

Ein kriegerischer Samurai trifft einen Zen-Buddhisten und fordert ihn auf, ihm den Unterschied zwischen Himmel und Hölle zu sagen. Da erwidert der Zen-Buddhist, er solle sich davonmachen, er habe jetzt keine Zeit für ihn. Der Samurai wird wütend und zieht sein Schwert. Darauf sagt der Zen-Buddhist ganz ruhig: „Das ist die Hölle". Der Samurai wird nachdenklich und steckt sein Schwert wieder ein. „Und das ist der Himmel" fügt der Zen-Buddhist hinzu.

Diese Anekdote charakterisiert, was mit dieser Übung gemeint ist. Es geht also nicht darum, keine Gefühle zu haben, sondern zu lernen, mit seinen Gefühlen umzugehen. Wiederum ist evident, wie der bewuß te Umgang mit seinen Emotionen umd Gefühlen die wesentliche Voraussetzung ist für soziale Prozesse.

Die vierte Übung besteht darin, daß man sich konsequent ausbildet in der Fähigkeit an einem Vorgang, einer Situation oder auch an Menschen nicht das Negative sondern *das Positive sehen zu lernen.* Normalerweise ist es ja so, daß uns immer zuerst das auffällt, was fehlt. Zur Kritik braucht es keine große Überwindung. Wir kennen alle Situationen, in denen sich bestimmte Abläufe unweigerlich wiederholen und zu den gleichen Engpässen führen, weil keiner bereit ist, an der Situation oder auch beim anderen Menschen etwas zu entdecken, was er bisher noch nicht berücksichtigt hatte. Jede heilsame Entwicklung besteht darin, an dem Bestehenden sinnvoll anknüpfen zu können. Aus blosser Kritik entsteht nicht Neues, kann keine Beziehung, die in eine Krise gekommen ist, herausgeführt werden. Diese Übung führt schließlich dazu, daß man überall Entwicklungsmöglichkeiten entdeckt, die in die Zukunft führen, wiederum eine aktive Steigerung der Sozialkompetenz.

Schließlich soll die fünfte Übung die *Unbefangenheit* schulen. Wenn man sich nüchtern betrachtet, muß man erkennen, daß man aufgrund der Erziehung, der Gewohnheiten in einer bestimmten sozialen Umgebung eine Summe von festen Urteilsgewohnheiten in sich trägt, über die man sich in der Regel gar nicht Rechenschaft gibt. Nun versuche man wiederum, übungsmäßig sich von solchen Urteilsgewohnheiten zu befreien. Nur derjenige kann etwas Neues entdecken, der den ganzen Ballast dessen, was er schon weiß und kann, für einen Moment aufzugeben bereit ist, um sich für das Neue zu öffnen. Diese Übung kann man ganz besonders gut am Gespräch praktizieren. Es ist im Grunde die vorhin schon erwähnte *Zuhör-Übung,* durch die ich lerne, mich so hinzugeben, daß nicht ich spreche oder urteile, sondern daß sich das Ding in mir selber ausspricht. Das bedeutet, alles das, was ich an Vorurteilen, Vorbegriffen, Vorgefühlen usw. in mir trage, zum Schweigen zu bringen um dann das andere sich aussprechen zu lassen. Die Geschichte ist voll von Beispielen, wie Sachverständige das Unpraktische, Gefährliche oder Unmögliche einer neuen Entdeckung oder Erfindung bewiesen haben. Heute dienen uns solche Expertenurteile zur Erheiterung.

Das Gemeinsame all dieser fünf Übungen besteht darin, daß immer die Aktivität erforderlich ist, gegen das Altgewohnte etwas Neues entgegenzustellen. Das bedeutet aber in jedem Fall die

Steigerung der Souveränität und der Selbstkompetenz.

Ich möchte meine Ausführungen schließen mit dem Hinweis auf ein Schild, das ich in Eckernförde gesehen habe, einer Stadt an der Ostsee, das sehr viel auch zusammenfaßt von dem, was ich jetzt versucht habe, darzustellen. Da steht nämlich drauf: „Vernünftige fahren hier nicht Rad. Den anderen ist es verboten!“. Auch in bezug auf unser Thema könnte man sagen: Es ist eine Frage der menschlichen Vernunft, soziale Verhältnisse zu gestalten, nur ist es so, daß es den anderen nicht verboten wird, sondern zur Folge hat, daß es Krieg gibt, daß es Kampf jedes gegen jeden gibt. Soziales Verhalten ist heute nicht nur eine Frage der Vernunft, sondern gleichzeitig die Frage einer menschenwürdigen Zukunft.

In der Reihe GESUNDHEITSPFLEGE *initiativ* sind bisher folgende Bände erschienen:
(Fortsetzung)

Band 10: Peter Petersen
Unsere Wahrnehmung des Todes
ISBN 3-932161-09-2

Band 11: Michaela Glöckler
Krankheit und Schicksal
ISBN 3-932161-11-4

Band 12: Mathias Wais
Entwicklung zur Sexualität
ISBN 3-932161-12-2

Band 13: Henning Köhler
Das biographische Urphänomen
ISBN 3-932161-13-0

Band 14: Mechtild Oltmann-Wendenburg
Die Emanzipation der Frau aus spiritueller Sicht
ISBN 3-932161-14-9

Band 15: Michaela Glöckler
Leben vor der Geburt
ISBN 3-932161-15-7

Band 16: Michaela Glöckler
Leben nach dem Tod
ISBN 3-932161-16-5

Band 17: Michael Brater
Beruf und Biographie
ISBN 3-932161-17-3

Band 18: Heinz Zimmermann
Kreative Gemeinschaftsbildung heute
ISBN 3-932161-18-1